# Inhalt

## Kernenergie - Stresstest bringt Mängel an Europas Meilern ans Licht

# Kernenergie - Stresstest bringt Mängel an Europas Meilern ans Licht

*Anja Schneider*

## Kernthesen

- Der Stresstest der europäischen Kernkraftwerke wird als zu lasch kritisiert, doch schon er führte zu einer langen Mängelliste und hohem Nachrüstungsbedarf.
- Frankreichs neuer Ministerpräsident verfolgt Pläne zur Reduzierung des Atomstroms.
- Japan nimmt zwar die stillstehenden Meiler erst mal wieder in Betrieb, hat aber einen schrittweisen Ausstieg aus der Atomkraft

bis zum Jahr 2040 angekündigt.

- Zwar befindet sich weltweit eine stattliche Anzahl von Kernkraftwerken im Bau, doch bei praktisch allen Projekten verzögert sich der Bau, und die Kosten übersteigen die Budgets deutlich.
- Weltweit ging 2011 die Menge des Stroms, der in allen Reaktoren zusammen produziert wurde, um 4,3 Prozent zurück.

# Beitrag

## Stresstest oder Schnarchtest - lange Mängelliste bei den europäischen Kernkraftwerken

Auch wenn die auf deutschem Boden angesiedelten Kernkraftwerke nach und nach stillgelegt werden sollen und es keine Pläne für Neubauten gibt, engagiert sich Deutschland durchaus in Thematiken rund um die Kernenergie. Innenpolitisch hält der Streit um ein atomares Endlager an. Schal schmeckte die Nachricht, dass die deutschen Atomkraftwerke seit Jahren mit Uran aus russischen Militärbeständen gefüttert worden seien. (1), (2)

Auf Europaebene engagiert sich Günther Oettinger, ehemals Ministerpräsident von Baden-Württemberg, bekannt als Befürworter der Kernenergie, als EU-Kommissar für Energie nach dem Unglück im japanischen Fukushima für einen Stresstest der 134 europäischen Kernkraftwerke. Dessen Ergebnisse sind jetzt bekannt geworden. Die gute Nachricht ist: kein Reaktor muss zwingend stillgelegt werden, die schlechte Nachricht ist: bei nahezu allen Anlagen gibt es Sicherheitslücken zu bemängeln. Bei dem Stresstest wurde für jeden Reaktor etwaiger Nachrüstungsbedarf ermittelt und das Risiko bewertet, ob der Meiler sicher ist, falls beispielsweise ein Erdbeben eintritt, eine Flutkatastrophe oder eine Internet-Attacke. Bereits im Vorfeld war der Stresstest kritisiert worden, vor allem von grünen Politikern und Greenpeace. Ihnen waren die Kontrollen nicht scharf genug, von Schnarchtest statt Stresstest war die Rede. So wurden in der Tat Flugzeugabstürze oder Terroranschläge als Risiko nicht bewertet, nur wenige Anlagen wurden wirklich vor Ort geprüft, die meisten Auswertungen wurden auf Basis der Angaben der Betreiber gemacht, die Alterung der Anlagen nicht berücksichtigt.

Nichtsdestotrotz, auch so ist die Mängelliste lang. Sie zu beseitigen würde zwischen zehn und 25 Milliarden Euro kosten. Gelistet hat die Kommission beispielsweise fehlende Risikobewertungen für die

Gefahr eines Erdbebens, fehlende Bewertungen der Überflutungsgefahr, fehlende Seismographen, fehlende Belüftungen, unsachgemäße Lagerung von Geräten, fehlende Ersatzsteuerung, fehlende Vorrichtungen, um Wasserstoffexplosionen zu vermeiden und fehlende Vorschriften für den Störfall. Für das deutsche Kernkraftwerk Krümmel empfiehlt die Untersuchungskommission eine strengere Überprüfung des Erdbebenrisikos, generell sollte die Erdbebentätigkeit an den deutschen AKW-Standorten häufiger und systematischer überprüft werden. Insbesondere in Norddeutschland, also in Brokdorf, Emsland und Grohnde, gäbe es hier Nachholbedarf, zum Beispiel sollten Seismographen in den Meilern installiert werden. In Frankreich hapert es bei der Lagerung der Unfallausrüstung, in Tschechien, Bulgarien, Rumänien, der Slowakei, Slowenien, Schweden, Spanien und Großbritannien fehlen Schutzvorrichtungen gegen Gasexplosionen nach schweren Unfällen. Heftig kritisiert wurden von der EU, dass im finnischen Olkiluoto und im schwedischen Forsmark die Betreiber weniger als eine Stunde Zeit haben, um nach einem kompletten Ausfall der Kühlsysteme die Sicherheitssysteme wieder hochzufahren. (3), (4)

## Frankreich - Hollande will Anteil

## des Atomstroms senken

Es gibt bislang keine einheitlichen Sicherheitsstandards für Atomkraftwerke. Und weder die europäische Gemeinschaft noch die Weltgemeinschaft können ein einhelliges Votum geben, ob die Kernenergie ein Auslaufmodell ist oder ob in ihren Ausbau investiert wird. Bundesumweltminister Peter Altmaier (CDU) hat sich jüngst auf die Fahnen geschrieben, den Umstieg von der Kernenergie auf Erneuerbare zu einem europäischen Projekt zu machen. Die Tschechen, die Polen und die Briten arbeiten an Ausbauplänen. Immerhin hat Frankreichs neuer Ministerpräsident Hollande eine Kurskorrektur angekündigt. Der Anteil des Atomstroms in Frankreich soll von derzeit 75 Prozent bis zum Jahr 2025 auf 50 Prozent gesenkt werden. Das heftig kritisierte Atomkraftwerk Fessenheim im Elsass soll bis Ende 2016 runtergefahren werden. Hollande fordert die Franzosen und die französischen Unternehmen auf, mit Energie sparsamer, effizienter umzugehen und sich den erneuerbaren Energien öffnen. Seinen Plänen auf die Sprünge helfen will der Präsident mit Ideen wie einer anderen Tarifgestaltung, sprich höheren Energiepreisen, erleichterten Rahmenbedingungen für den Ausbau von Windkraft, höheren Einspeisevergütungen für Solaranlagen und eine energetischen Sanierung von Wohnungen. Verzichten will Hollande dagegen auf die Förderung des derzeit durchaus populären unkonventionellen Gases. (5), (6), (7)

## Japan - wie ernst gemeint ist die Energiewende?

Verlässt auch Japan seinen bisherigen pro-Atomkraft-Kurs? Zumindest hat es den Anschein.
Die Indizien sind widersprüchlich: In Japan lieferten vor Fukushima 54 Atomkraftwerke Strom. Das machte rund dreißig Prozent des gesamten Strombedarfs aus. Bis 2050 sollte der Anteil sogar auf 50 Prozent erhöht und daher neue Meiler gebaut werden. Doch die derzeitige Regierung um Premierminister Yoshihiko Noda hat einen schrittweisen Ausstieg aus der Atomkraft bis zum Jahr 2040 angekündigt. Im Sommer allerdings wurde entschieden, die 48 Atomkraftwerke, die seit dem Unglück von Fukushima am 11. März 2011 stillstanden, erst einmal wieder in Betrieb zu nehmen. Zwei Atomkraftwerke werden zu Ende gebaut, ihre Laufzeit beträgt vierzig Jahre. Beschlossen wurde auch, dass die Wiederaufarbeitungsanlage für abgebrannte Brennelemente in Rokkasho in Betrieb gehen soll. Das Bewusstsein und der Widerstand in der Bevölkerung gegen Kernenergie wachsen. Im Juli fanden Demonstrationen gegen die Atompolitik statt.

Eine grüne Partei hat sich gegründet. Zur nächsten Parlamentswahl will sie antreten. Tepco, die japanische Betreiberfirma von Fukushima, mittlerweile von der japanischen Regierung übernommen, um eine Insolvenz zu verhindern, hat zugegeben, die Risiken bereits vor der Katastrophe gekannt, sie aber heruntergespielt zu haben, um eine Schließung des Atomkraftwerks zu vermeiden und der vorhandenen Anti-Atomkraft-Stimmung im Land keine Nahrung zu geben. (8), (9)

Der japanische Technologiekonzern Hitachi war am Bau von Fukushima beteiligt und will bis zum Jahr 2030 weltweit 38 Reaktoren bauen, vor allem in Osteuropa (zum Beispiel Litauen) und Asien. Kürzlich hatte das Unternehmen den Auftrag zum Bau eines Meilers in Litauen erhalten. (10)

Andererseits wollen Hitachi, Kyocera, Toshiba, Panasonic und Softbank ihre Aktivitäten in erneuerbaren Energien ausbauen. Deren Anteil soll in Japan bis 2030 von heute neun Prozent auf 30 Prozent ansteigen. Umgerechnet 483 Milliarden US-Dollar sollen in den nächsten zwei Dekaden in erneuerbare Energie fließen. Eingespeister Solarstrom soll künftig mit 42 Cent je Kilowattstunde vergütet werden (also mehr als in Deutschland!) und mit Interesse nehmen die Japaner die schwimmenden Windkraftwerke in Augenschein, die Siemens gerade entwickelt. Es bleibt abzuwarten, ob Premier Yoshihiko Noda seine

Absichtserklärung in die Tat umsetzen kann oder ob die Pläne mit der nächsten Wahl ad acta gelegt werden. (11), (12), (13)

## Atomenergie global - Renaissance oder Auslaufmodell?

Insgesamt befinden sich momentan weltweit 59 Atomreaktoren im Bau, 26 davon allein in China, zehn in Russland, sieben in Indien. Der weltweite Uranbedarf steigt, das Angebot wird knapp. Dies spricht dafür, dass die Kernenergie global im Aufwind ist. (14)

Dennoch gibt es kritische Stimmen, die bezweifeln, dass die Kernenergie eine Zukunft hat. Kapital und Fachkräfte gelten als knapp. Der World Nuclear Industry Status Report 2012, der Anfang Juli von Mycle Schneider Consulting vorgelegt wurde, weist darauf hin, dass der Anteil der Kernenergie an der weltweiten Stromproduktion sinkt und dass die Zahl der betriebsbereiten Reaktoren in den vergangenen zehn Jahren abgenommen hat. Die Aktienkurse der Unternehmen, die Atomkraftwerke bauen, sinken - und auch schon vor Fukushima-, ihre Ratings werden schlechter, die Kredit- und Kapitalaufnahme schwieriger. Weltweit sind außerdem Atomingenieure allmählich Mangelware. In Deutschland beispielsweise sind die meisten Kernenergiefachleute über fünfzig Jahre alt. (15)

Generell ist zu beobachten, dass der Bau eines neuen Atomkraftwerks oftmals eine Frage des Geldes ist. Es ist schwer, Kapital aufzutreiben. Der Bau eines neuen Meilers ist für potenzielle Investoren nicht attraktiv und es lassen sich immer weniger Unternehmer finden, die Atomkraftwerke bauen wollen. Bei fast allen Kernkraftwerksprojekten sprengen die Kosten das Budget, die Zeitpläne werden nicht realisiert. So bauen beispielsweise der französische Atomkraftwerksbauer Areva und die deutsche Siemens zusammen ein Atomkraftwerk in Finnland. Doch die Baukosten sind längst explodiert, die Baufortschritte des als Vorzeigeobjekt geplanten Druckwasserreaktors hinken seit Jahren den Plänen hinterher. Wegen mehrjähriger Verspätung - statt 2009 wird es nun sogar mit 2014 knapp - hat der Bauherr, der finnische Stromversorger TVO, Klage eingereicht. Das Beispiel Finnland zeigt, dass Atomkraftwerke zum Billigpreis nicht zu haben sind. Tschechien will in Südböhmen das Atomkraftwerk Temelin um zwei weitere Blöcke erweitern. Die deutsche Tochter des französischen Kraftwerksbauers Areva hatte geboten, die deutsche Bundesregierung für die geplanten Blöcke bereits Letters of Interest (LOI) für Hermes-Exportkreditbürgschaften in Aussicht gestellt - allerdings ist Areva mittlerweile aus dem Bieterrennen ausgeschieden. (16), (17), (18)

# Fallbeispiele

## Aufbau noch in diversen Ländern geplant

**Polen** will die Kernkraft ausbauen, die nach Fukushima herrschende Anti-Atomkraft-Stimmung habe sich mittlerweile wieder abgeschwächt. (19)

Atomkraftwerksbauer aus China und Frankreich konkurrieren darum, in **Großbritannien** bis zu fünf Kernkraftwerke bauen zu dürfen. (20)

Russland hat genügend Kreditmittel aufgetan und darf das erste Kernkraftwerk für **Weißrussland** bauen; zumindest wurde im Sommer ein dementsprechendes Abkommen geschlossen. (21)

Die **Slowakei** plant, frühestens im Jahre 2025 einen neuen Druckwasserreaktor in Betrieb zu nehmen. Mit einem Anteil von 55 Prozent an der Stromerzeugung ist Kernkraft die mit Abstand bedeutendste Stromquelle in der Slowakei. Doch noch ist die Finanzierung nicht auf die Beine gestellt. (22)

Die **USA** betreiben 104 Atomreaktoren. Seit Oktober

2011 wurden vier weitere Meiler geplant und genehmigt. (14)

In **Schweden** soll das vorübergehend vom Netz genommene Kernkraftwerk Ringhals I in wenigen Monaten wieder in Betrieb genommen werden. Der schwedische Energiekonzern Vattenfall will neue Meiler in Schweden bauen. Prüfungen laufen, bis Entscheidungen gefällt und umgesetzt sind werden noch viele Jahre ins Land gehen. (23)

Die belgischen Kernkraftwerke Doel 3 und Tihange 2 waren wegen feiner Risse im Reaktorbehälter im Sommer außer Betrieb genommen worden. Zwar will **Belgien** bis 2025 schrittweise aus der Atomenergie aussteigen, doch angeblich wird die belgische Atomkontrollbehörde ihre Zustimmung erteilen, die Meiler zwischen Dezember und März wieder hochzufahren. (24), (25)

Auf den **Philippinen** gibt es einen einzigen Atomreaktor, Typ Westinghouse-Druckwasserreaktor. Gebaut wurde er vor fast 28 Jahren, in Betrieb gegangen ist er nie. Seit Jahren wird er gehegt und gepflegt, nach Fukushima wurde er zur Touristenattraktion umfunktioniert und so werden jetzt Politiker, Journalisten, Touristen, Studenten bis hin zum arabischen Nachrichtensender Al Jazeera durch die Anlage geführt. Die Filipinos spielen mit dem Gedanken, rund eine Milliarde Dollar in die Hand zu nehmen, das Kraftwerk auf Vordermann zu bringen und tatsächlich hochzufahren. Bisher steht es trotz diverser Erdbeben und Taifune, die vulkanische Nachbarschaft brächte zusätzliche Spannung ins Spiel. (27)

## Areva baut in Deutschland Beschäftigte ab

Areva gibt es auch in Deutschland. Insgesamt werden rund 4 500 in Deutschland beschäftigt, die Deutschlandzentrale ist in Erlangen. Doch seit Juni 2011 reduziert Areva die Belegschaft; zwischen 1 200 und 1 500 Mitarbeiter sollen in den kommenden vier Jahren abgebaut werden. Dennoch soll eine fachliche Kompetenz erhalten bleiben: Areva Deutschland soll zum Kompetenzzentrum für den Rückbau von Atomkraftwerken werden. (26)

## Zahlen & Fakten

### Auslaufmodell in Deutschland

Der Verbrauch an Primärenergien erreichte im ersten Halbjahr 2012 nahezu das gleiche Niveau wie in den ersten sechs Monaten des vergangenen Jahres. Die Bedeutung der Kernenergie nahm ab. Sie verringerte ihren Beitrag im Zuge des Ausstiegsbeschlusses im ersten Halbjahr um rund 18 Prozent. (28)

## Auslaufmodell weltweit?

Derzeit sind weltweit 59 Reaktoren in Bau (davon in China 26, Russland zehn und Indien sieben), dies aber in den meisten Fällen seit mehr als 20 Jahren.

429 Reaktoren mit einer installierten Leistung von 364 Gigawatt waren zum 30.6.2012 in 31 Staaten betriebsbereit. Vor zehn Jahren waren noch 444 Reaktoren in Betrieb.

Die Menge des Stroms, den alle Reaktoren zusammen produzieren, lag 2011 mit 2,518 Terrawattstunden 4,3 Prozent unter dem Vorjahr und mehr als 5 Prozent unter dem historischen Rekord des Jahres 2006.

Der Anteil der Kernenergie an der weltweiten Stromproduktion sinkt bereits seit 20 Jahren. Von einem Maximum von 17 Prozent auf aktuell elf Prozent.

## Sinkende Börsenkurse der AKW-Industrie

Areva verlor seit dem High 2007 rund 88 Prozent an Wert, EdF rund 83 Prozent. Die Schweizer Energiekonzerne BKW und Alpiq weisen Einbußen von bis zu 80 Prozent bzw. 60 Prozent gegenüber ihren Höchstständen auf, in schmerzhaften Größenordnungen verloren auch Iberdrola, E.on und

RWE. (15)

## Weiterführende Literatur

(1) Endlager: SPD und Grüne werfen Altmaier Show vor
aus energate vom 07.10.2012

(2) Bericht: Waffenmaterial in deutschen Brennstäben
aus energate vom 17.09.2012

(3) Stresstests-Bericht vorgelegt
aus www.powernews.org Meldung vom 05.10.2012 - 09:42

(4) Relaxter Stresstest ENERGIE Europas Atomkraftwerke haben Sicherheitsmängel, sagt die EU. Trotz der deutlichen Worte stößt der Prüfbericht auf Kritik - weil er wichtige Fragen ausblendet
aus taz, 05.10.2012, S. 08

(5) Altmaier will europaweiten Atomausstieg
aus energate vom 02.10.2012

(6) Fessenheim wirkt über die Grenze
aus Finanz und Wirtschaft vom 19.09.2012, Seite 13

(7) Die Zeichen stehen auf Veränderung

aus www.powernews.org Meldung vom 04.10.2012 - 16:15

(8) Tepco gesteht Fehler ein
aus Süddeutsche Zeitung, 13.10.2012, Ausgabe München, S. 8

(9) Tepco wird verstaatlicht, Grüne in Japan
aus energate vom 01.08.2012

(10) Hitachi setzt weiter auf Kernkraft
aus energate vom 01.08.2012

(11) Japan ersetzt Atomkraft durch Solaranlagen Energie
aus Börse online vom 20.09.2012, Seite 9

(12) Eigentlich hätte das Wort «Atomausstieg» jeden Aktionär von japanischen Stromversorgern und...
aus Finanz und Wirtschaft vom 19.09.2012, Seite 13

(13) Japan: Neuer Markt für Solar- und Windkraftwerke
aus www.powernews.org Meldung vom 05.10.2012 - 13:39

(14) Der Preis ist heiss: Uran-Rally 2013
aus Stocks Nr. 19 vom 26.09.2012, Seiten 52 - 54

(15) Ist Atomenergie auch weltweit out?
aus Smart Investor, Heft 08/2012, S. 32-33

(16) "Neue Atomkraftwerke sind ein Minusgeschäft"
aus Nürnberger Nachrichten vom 13.10.2012, S. 4

(17) Streit um finnisches AKW wird heftiger
aus energate vom 02.10.2012

(18) Areva scheidet aus Temelin-Bieterrennen aus
aus www.powernews.org Meldung vom 10.10.2012 - 11:43

(19) Polen: "Günstiges Klima für Atomkraft"
aus energate vom 17.09.2012

(20) China will in Großbritannien Atomkraftwerke bauen
aus energate vom 23.07.2012

(21) Rahmenvertrag für weißrussisches AKW unterzeichnet
aus www.powernews.org Meldung vom 20.07.2012 - 10:01

(22) Slowakei: Neues KKW frühestens 2025
aus www.powernews.org Meldung vom 02.10.2012 - 16:26

(23) Vattenfall prüft Bau neuer Kernkraftwerke
aus energate vom 31.07.2012

(24) Probleme bei belgischen Kernkraftwerken
aus energate vom 09.08.2012

(25) Tihange 2 und Doel 3 vor dem Neustart
aus Aachener Nachrichten vom 13.10.2012, Seite 10

(26) Atommeilerfirma Areva streicht 1200 Stellen
aus manager-magazin.de vom 02.08.2012

(27) Archipel mit Kernreaktor
aus neue energie, Heft 10/2012, S. 86

(28) Energieverbrauch stabil. Beitrag der Kernenergie sinkt / Mehr Erneuerbare / Heizölverbraucher geben Kaufzurückhaltung auf
aus neue energie, Heft 10/2012, S. 86

# Impressum

## Kernenergie - Stresstest bringt Mängel an Europas Meilern ans Licht


### Bibliografische Information der deutschen Nationalbibliothek

Die Deutsche Nationalbibliothek verzeichnet diese Publikation in der deutschen Nationalbibliografie; detaillierte bibliografische Daten sind im Internet über http://dnb.d-nb.de abrufbar.

ISBN: 978-3-7379-2387-3